So Long, Wee Moon

Martin Travers

methuen | drama

LONDON • NEW YORK • OXFORD • NEW DELHI • SYDNEY

METHUEN DRAMA
Bloomsbury Publishing Plc
50 Bedford Square, London, WC1B 3DP, UK
1385 Broadway, New York, NY 10018, USA
29 Earlsfort Terrace, Dublin 2, Ireland

BLOOMSBURY, METHUEN DRAMA and the Methuen
Drama logo are trademarks of Bloomsbury Publishing Plc

First published in Great Britain 2024

Cover photo by Alex Brady

Cover design by Clare Yuille

A catalogue record for this book is available from the British Library.

A catalog record for this book is available from the Library of Congress.

ISBN: PB: 978-1-3505-2675-4
ePDF: 978-1-3505-2676-1
eBook: 978-1-3505-2677-8

Series: Modern Plays

Typeset by Mark Heslington Ltd, Scarborough, North Yorkshire

To find out more about our authors and books visit
www.bloomsbury.com and sign up for our newsletters.

So Long, Wee Moon was first presented by Braw Clan in Crawfordjohn Village Hall, on 18 September 2024. The original cast in order of appearance was as follows:

NANCY GIBBS	Chiara Sparkes
THE MITHER	Fletcher Mathers (voice)
ANNIE GIBBS	Helen McAlpine
WEE MOON GIBBS	Morven Blackadder
SEYMOUR SHANKS	Anthony Bowers (voice)

Directed by Rosalind Sydney
Set and Costume Design Jessica Brettle
Composer/Sound Design Pippa Murphy
Lighting Design Paul Rodger
Choreography Lisa Kennedy
Hair and Make Up Design Madeleine Drewell
Filmmaker Cristina Ertze
Media Sound Supervisor Gordon Dougall
Production Manager and Sustainability Champion Paul Rodger
Stage Manager Linsey Johnstone
Creative Director Clare Yuille
Creative Producer Martin Travers

braw clan

Scots language theatre

Braw Clan is a Scots language theatre company with a mission of making high-quality and ambitious performance accessible to rural communities in Clydesdale and southern Scotland. We use spoken Scots as a force for positive change in communities, putting people first in everything we do.

Our debut production, *Secret Wrapped In Lead*, was a sell-out, touring to packed audiences in July 2023. The impact was concussive, with Donald Stewart writing in *Fringe Review* 'If I see something better this year, I shall be truly blessed' and *The Scotsman* calling it 'A powerful and troubling drama featuring outstanding performances.'

Find out more at brawclan.com

Foreword

When I think of the iconic images of women during the Roaring Twenties, it's Flapper Girls, *The Great Gatsby* and the large-eyed beauties of the silent movies that immediately come to mind.

I think of women gaining confidence and the opportunity brought to them by the struggles of the suffragettes. Women who are better educated. Women with new responsibilities in the workplace and greater independence after the First World War. Women cutting their hair short, wearing lipstick, smoking cigarettes and maybe even daring . . . wait for it . . . to wear . . . trousers.

Of course, this is the rose-tinted, movie-filtered ideal; certainly not everyone's reality.

The 1920s was a period of recovery from the trauma and loss of war, a time of enormous change. It was a time when Scotland in particular was hit hard by economic depression. A small few saw better times, but many industrial and rural communities faced hardship and disillusionment. They also faced an influenza epidemic. The 1920s saw a huge exodus of Scots to the United States and Canada in search of a better life. Perhaps a life they had a glimpse of in the movies . . .

This is the background to *So Long, Wee Moon*. The women in this play are living lives far from the freedom and glamour of the Flapper Girl lifestyle, but all of them dream of something more. Whether that's acceptance and status within a rigid rural community, the freedom to run in the fields all day with the dogs or to be a glittering star of stage and screen, they are prepared to make the deepest of sacrifices to survive and succeed. The women in this play are damaged and flawed, maybe even cursed, but they have a courage and ferocity that is hard not to admire.

I'm not sure how he does it, but Martin Travers writes wonderful female characters. These are the dark, complex, yet warm and humorous characters that an actress (and their director) longs for. And then there are the words. The rich language of Martin's Scots is earthy, visceral and lyrical all at once. The words live and sing and punch you in the stomach when you least expect it. It is a joy to get your head, heart and your tongue around the text – and sometimes also a challenge! I don't speak much Scots day to day, the odd word or phrase still clings to my everyday vocabulary, but the Scots language is truly embedded in me. It sounds and feels like home and I love it. Its meaning runs deeper than English and it has a rich and profound emotional resonance for me. It feels like English lives in my mind, but Scots runs through my veins. It is difficult to describe this logically – it's a feeling. I hope this play, whether you read it or see it, has the same effect on you.

As I write this, we haven't quite started rehearsals. We are still planning, finalising design ideas, talking about music, character motivations, quick changes in tricky venues, old-fashioned curling stones and how to style a wig. In a few weeks we will dive into rehearsals with an incredible cast of talented women and a fantastic creative and technical team. It's a real privilege to direct this project and to work with Clare, Martin and the rest of the Braw Clan collective. Their passion for bringing great stories to the heart of the community in the Scots language is so genuine. Their drive to deliver excellent work by and for the local community is an inspiration and I feel lucky to be part of the team. I look forward to sharing this beautiful, brutal and open-hearted story in a stowed-out village hall. I hope it's a braw night out with family, friends and neighbours.

It's almost time for our actors to go on the journey of breathing life into these formidable women. One thing's for sure – in their own way – they will 'roar'!

Rosalind Sydney

About Braw Clan

Great theatre is based on something real and true. That's when it makes an impact and enriches our lives. There are fascinating truths locked up in the Scots drama canon, and in our history, poetry and traditional songs, but we don't benefit from them because few actors have the skills and knowledge to confidently perform in Scots, and almost no new Scots language theatre is being written or produced.

That's a tragedy. Scots is a vibrant living language: tender, savage, hilarious and theatrical. It's capable of adding so much value to life in Scotland – but we can't just tell people that. We have to show them.

That's Braw Clan's purpose. We contribute by making new Scots language theatre, but also by discovering what Scots language theatre can do for people in Scotland and beyond. The question we're interested in is 'How can spoken Scots change people's lives?'

We explore the answers together through Martin's plays, which are often about outsiders.

The outsider, whether she's a Scots-speaking actress on Broadway, a literary fireball who inspired Burns and died in an Edinburgh asylum, or a barefoot teenager wearing a honeysuckle crown, is an endlessly fascinating creature. They can be kind or cruel, a victim or an aggressor. Their fish-out-of-water perspective lends itself to both comedy and tragedy. The whole spectrum of human experience is captured in their gaze. For audiences and theatre makers alike, the outsider allows us to see the world in an unfamiliar way.

Rural audiences are outsiders too and they'll soon bring fresh eyes to *So Long, Wee Moon*. I'm excited to find out what they think – not only about the story and characters but what they get out of seeing it in their village hall, thanks to the generous support of Creative Scotland, SSE Renewables and the many people who pledged a donation towards this production.

So far, when audiences tell us what they value about Braw Clan, we hear that some are comforted, one said 'healed', to hear Scots on stage; many remark on the history and sense of community in our work; a few have been inspired to write their own stories.

Theatre makers tell us they value having access to the sparkling tools of Scots, Braw Clan's warm and responsive audiences and our collaborative way of doing things.

Both groups keep asking us 'So what's next?'

Together, we'll find out.

Clare Yuille

Biography

Martin Travers is an award-winning playwright based in Lanark, Scotland. He is a founding member of Braw Clan, the Scots language theatre company. In early 2024 Martin was awarded an SSP@50 fellowship from the Scottish Society of Playwrights to develop his ensemble play *Crown of Straw*, about the life, work and tragic death of Scots poet Robert Fergusson. His critically acclaimed play *Secret Wrapped in Lead*, inspired by Dorothy Wordsworth's visit to Leadhills in 1803, was Braw Clan's first professional production and toured to sold-out venues across Clydesdale in July 2023. His award-winning play *Scarfed for Life* is studied in all Glasgow secondary schools. In 2022, Martin's punk play *Whatever Happened To The Jaggy Nettles*, written for the WAC Ensemble (Scotland's first professionally supported care experienced theatre group) won the Writer's Guild Award for Best Play for Young Audiences.

Scriever's Bit

A'd like tae thank Dom O'Hanlon an Callan McCarthy, an the Methuen Drama Editirial Buird, fir publishin *So Long, Wee Moon*. Hit means a lot fir Braw Clan's Scots wirk tae be gien thair support.

A'm awfu prood ae this wee play. Hit breithes hit's ain fire. Ivery nou an than – whan yer lucky – chairacters demand tae leeve. Tae tell thair tale. Thay exist awreadies – somewhaur in the daurk maiter whit surroonds us. Hit's juist ma haundlin tae git thaim on the page. Than the chairacters pick the actors thay'r wantin tae play thaim. An oh boy – whit braw actors thay'v chisen!

The cast, creative, an technical team we he brocht thegither fir this production is warld cless. A'm awfu excitit tae see whit thay dae wi the play.

Daen unapologetic an dramatically excitin new plays in Scots ruitit in Clydesdale is radical. An 'at's hou we'r daen hit. Braw Clan is a radical theatre company acause Scots is a radical leed. A bonnie leed. A hellsest leed. A leed 'at cin gie yer saul a batterin wan meenit, an cin mak ye pish yersel lauchin the neist. An we uphaud Scots is fir ilkabody – nae maiter yer social ir cultural backgrund. A howp *So Long, Wee Moon* delites an shocks oor audiences in equal meisur. A hink that's whit guid plays dae. Thay bring fowk thegither frae aw walks ae life tae skare grippin an it times unsattlin drama.

In the 1970s whan ma aulder brithers an sisters war oot on a Seturday efternuin A uised tae sit aside ma mither an watch aw the Hollywood matinees whit war on the telly. Thay mesmereesin black an white warlds ae glamour, betrayal an hertscaud maun hae seepit intae ma saul. An A'm juist gled A'v haed the chance tae scare a wee bit ae thon mirkie sparkle wi ye aw in *So Long, Wee Moon*.

Gittin tae develop the rehearsal script wi director Ros Sydney haes buin yin ae the maist creatively fulfillin experiences ae ma career sae faur. She's a brainy daimant and her passion fir this play fair shines oot her een whan she blethers tae us aboot hit. Hit coudna be in mair sauf haunds.

A canna wait tae see the production an git tae enjey Nancy, Annie an Wee Moon breith thair fire. A howp ye enjey the flams an aw.

Martin Travers

Scots Words and Meanings: *So Long, Wee Moon*

accuisin	accusing
aff	off
ahint	behind
airm	arm
airmy	army
airt oot	to discover by searching
airticle	article
anklet	the ankle
appen	open
aw	all
awauk	awake
awthin	everything
ayeweys	always
babbie	baby
backwarts	backwards
baible	to drink carelessly
baurley-bree	whisky
bealin	really angry
becam	became
bide a wee	wait
bile	boil
blin	blind
bluid	blood
blythe	joyous, cheerful, happy
bocht	bought
breith	breath
breuk	broke
buin	been
buitit	booted
bunnle	bundle
burn	stream
cabbitch	cabbage
camsheuch	rooked, distorted, deformed, stern, surly, ill-tempered, perverse
camsteirie	perverse, unmanageable, riotous, given to quarrelling, excitable

canna	can't
cannie	knowing, wise, shrewd, careful, cautious
cark	care
caum	calm
chack	check
chairity	charity
cheen	chain
chowk	the cheek, the jaw
chingin	changing
claes	clothes
clarty	dirty, muddy, sticky
claucht	to grasp, seize forcibly, clutch
cleekin	stealing
cloot	cloth
clype	tell-tale
coch	cough
cowp	dump
curran	currant
daed	done
daisent	damned, grow dizzy, stupefied
damm	damn
daur	dare
dawt	dawned
deein	dying
deleerit	deleerit
deleevert	delivered
delicht	delight
destrict	district
deuk	duck
didder	to hesitate, to be in a state of uncertainty, to move jerkily, to trifle, to dawdle
dilp	a trollop, a slattern, a thriftless housewife, heavy, lumpish person
din't	don't
disna	doesn't
dizzen	dozen
dochter	daughter
docksie	lazy, slow

dout	doubt
dover	doze, a light sleep, a nap
dowp	the bottom or end of anything
drounin	drowning
duin	done (plural)
echteent	eighteenth
Edinburae	Edinburgh
ee	eye
e'en	even
eleiven	eleven
eneuch	enough
ettle	try
fantoush	flashy, ultra-fashionable
fause	false
fauvours	favours
fawin-doun	falling-down
feenish	finish
feenisht	finished
flang	threw
fleein	drunk
fluirs	floors
fond	fund, a supply or reserve of money
foost	mouldy condition or smell, mildew, fustiness
forgat	forgot
forgied	forgave
forgien	forgiven
fou	drunk
fower	four
frichtent	frightened
furnicator	a fornicator
futur	future
gat	got
gaur	any slimy, filthy or muddy substance
get	offspring, progeny, a child, a brat
gien	given
glaikit	stupid, foolish, thoughtless
glamourie	magic, witchcraft, glamour

glaum	snatch, grab, to clutch, to grope
Glesgae	Glasgow
glit	filth, slime, mucus, pus
gluve	glove
goun	gown
gour	mucus, waxy matter in the eye, mud, dirt, muddy, stagnant water
goury	muddy, slimy, of the eyes: having mucus in the corner
gowkers	to be fooled, deceive
grabbit	grabbed
gray	grey
growe	grow
grund	ground
guid	good
guid-sister	sister-in-law
haena	haven't
hale	whole
hame	home
haund	hand
haurd-neck	impudence, effrontery
hech ay	indeed!
hellery	nonsense, rubbish
hertie	harty
hind	female deer
hingit	hung
hinkin	thinking
hit	it
hunder	hundred
hure	prostitute
hurin	participating in the exploitation of ladies in unfortunate circumstances
hurlie-bed	a low bed on castors stored under a box-bed
int	isn't
isna	isn't
it	at
iver	ever

jakie	a down-and-out, a tramp, frequently drunk
jeelie	jelly
jey	joy
jillet	a giddy or flighty girl, a jilt, a flirt
juidgement	judgement
juist	just
keekin-gless	mirror
keepit	kept
ken	know
kilt	killed
kirk	church
kist	chest
kivert	covered
laithe	loathe
lat	let
laucht	laughed
lea	leave
learin	learning
leear	liar
leevin	living
licht	light
licoreesh	liquorice
likit	like
lippent	depended
liss	cessation, abatement, respite as from pain or trouble
luesome	lovable, pleasant, righteous, just
luit	let
lummert	lumbered
luve	love
maggot	a maggot, a whim, fancy, a bee in your bonnet, an annoying person
mairit	married
mairyin	marrying
mavis	song thrush
meenister	minister
meesery	misery

merk	mark
midden	a refuse-heap
middlin	meddling, interfering
mingin	heavily smelling
misst	missed
mither	mother
morn	morning, the next day
naewhaur	nowhere
naither	neither
nicht	night
nichtmare	nightmare
oor	hour
ower	over
ower-haurd	very hard
pechin	panting, blowing
peengin	whining
peety	pity
perfit	perfect
pertend	to pretend
peyed	paid
pictur	picture
pine	pain
pint	point
pit	put
plicht	a pledge or promise
poor	pour
poseetion	position
postie	postman
pou	pull
praisent	a present
pree the mooth	to kiss
pullt	pulled
pund	pound
pushion	poison
pushionin	poisoning
quoit	curling-stone
raible	to utter a torrent of words, to speak nonsensically, rave

rainbowe	a rainbow
raither	rather
raw	row
rhubarub	rhubarb
richt	right
riven	pulled apart or to pieces, break up, reduce to fragments
roch	rough
roond	round
ruif	roof
sattle	settle
scrapit	scrapped
screenged	scrubbed
scud	to slide, glide, skate on ice
scur	a despicable person, a rascal
seicont	a second of time, adj. second
selt	sold
sheuch	gutter
shew	to sew
shuin	shoes
shuir	sure
siller	money
sin	since
skaithin	to harm, injure, damage
skarin	sharing
skirlin	to scream, shriek
slaw	slow
sled	sledge
smellt	smelled
smit	to affect with, alter by the agency of, assail, smite; of infectious or contagious disease: to affect by contagion, infect, taint
snar	severe, strict, tart; of things: firm, hard
sowel	a person, i.e. a soul
spitter	a slight shower of rain or snow, empty, frothy talk
spuinfu	spoonful

stairve	starve
steek	stitch
stoil	an old story, a legend or tale
straucht	straight
strinkle	a sprinkling, a scattering or strewing, a small quantity
suddle	stain, spot, dirty mark, smudge
suhin	something
sunlicht	sunlight
sweir	swear
synd	to wash the face or clothes, etc.
syte	sorrow, grief, suffering, the brunt of misfortune or wrong-doing
tap	top
tapsalteerie	upside down
tarragat	to question strictly and persistently, to tease, torment with questions, to pester
telt	told
teuk	took
thare	there
thir	these
thoucht	thought
thouchtfu	thoughtful
threid	thread
throu	through
tire't	tired
titcht	touched
traik	trek
trauchle	to draw, trail, drag, drudge
truith	truth
twa	two
Tysday	Tuesday
uised	used
unnerstuid	understood
verra	very
vext	to feel sorry, be distressed, grieve
vice	voice
waddin	a wedding

waik	weak
wanjey	sorrow, misery, joylessness, miserable, wretched, mischievous, troublesome
wappin	wrapping
war	were
warld	world
washt-up	washed up
watcht	watched
watter	water
wecht	weight
weedae	widow
ween	to surmise, guess, imagine, think
wersh	sickly, weak, spiritless, depressed, lacking in character
wha	who
whan	when
whaur	where
wheemer	to whine, whimper, cry feebly like a child
whippitie stourie	a kind of household fairy or brownie
whitiver	whatever
wifie	wife
wirker	worker
wisna	wasn't
wrack	wreck
wulk	whelk
wumman	woman
yin	one
yourself	yersel

For Helga
and the Crawfordjohn community
past, present and future

So Long, Wee Moon

Snar
Severe, strict, tart;
of things: firm, hard.

The Players (in order of appearance)

Nancy Gibbs. *A damaged but determined light. She radiates the glamour, gravity and fragility of a star: when she arrives home, she has the air of a life lived about her, addiction issues, and her mental health is badly frayed. She's a good person haunted by guilt, and a survivor of domestic abuse. Aged 18 in Scene One and aged 23 in Scene Two.*

The Mither (Voice). *A cantankerous woman, bedridden and dying of influenza. Aged 61.*

Annie Gibbs. *A frightened soul. Having had a child out of wedlock and being a widow, she feels the cold, constant gaze of her community (whether real or imagined) bear down on her. On a good day she is friendly, with a good sense of humour. On a bad day she is quick to anger and spiteful, but she is really just on edge – anxious in her own skin and overwhelmed by the life fate has handed her. Aged 40.*

Wee Moon Gibbs. *A bright, earthy and kind girl with OCD. She lives in her own version of reality. A safe and enchanting world where her absent sister is a star of the silver screen and living in joyful luxury. She dreams obsessively of becoming a star just like Nancy. She feels suffocated by village life but still sees good in everything and everyone. Aged 17.*

Seymour Shanks (Voice). *Nancy's abusive and manipulative lover/agent. Aged 40.*

Scene Yin. Gaun Awa

Who is in the scene: **Nancy Gibbs, The Mither (Voice), Annie Gibbs**.

A rundown cottage kitchen in Snar, near Crawfordjohn in Clydesdale, Scotland. It is March 1924, during the national influenza outbreak. There is a small farmhouse-style table and two chairs in the centre of the stage. A simple Victorian/Edwardian wedding dress is hanging on a hook against the wallpapered wall. The once-gaudy floral wallpaper is covered in patches of black damp and is peeling slightly. There is an old, distressed mirror hanging squint on the wall. Bundles of customers' dirty washing (some tied up in old, stained sheets) are piled under the mirror. A curling stone with a rusty handle sits about a foot from the wall. **Nancy** *has just cut her own hair into a fashionable bob – there are long clumps of tangled hair and large dressmaker's scissors on the table. Beside the scissors there is a stack of ten-bob notes, some crowns, half crowns and shillings.* **Nancy** *comes in from outside and puts down the pail and scrubbing brush she is carrying. She's excited. She looks in the mirror and starts putting on lipstick. She's dressed in her best clothes but is wearing an old torn coat of her mother's. She isn't wearing any shoes. She readies herself and begins to perform 'Breakfast in Bed on Sunday Morning' by Harry Lauder to an imagined audience. The routine is perfect and packed with comedic actions and facial gestures.*

Nancy

I never, never worry, worry, and I never, never grieve.
I take things nice and easy – what I canna take, I leave.
I work the whole week round, frae early morn till late at nicht.
On Saturday, I eagerly look forword wae delicht to . . .
Beautiful Sunday! I wish it would never come Monday!
For I lie between the sheets my bed adornin'!
O, it's very nice, yes it's very very nice
To get yer breakfast in yer bed on Sunday morning.
What joy, what great delicht it is, to hear the kirk bells ring!

I wouldn't miss their welcome sound, no not for anythin'
When they commence to ring, I rise, but if it looks like
rain,
I fill my pipe, then licht it, and go back to bed again on . . .
Beautiful Sunday! I wish it would never come Monday!
For I lie between the sheets my bed /

She stubs her toe on the curling stone.

Nancy   / Ah ya bast . . . (*Addressing the stone.*) A'll no miss
you 'at's fir shuir!

The Mither *lies in the adjacent bedroom. She takes a severe and
painful coughing fit – horribly hacking up bloody phlegm and
wheezing. This brings the reality of her situation crashing down on*
Nancy. *She acts with urgency. She picks up the notes from the table
and stuffs them into her apron pocket. She takes a clean cloth and
ties the coins into a small tight bundle. She sweeps the hair into a
brown paper bag and crams it into her coat pocket. Some of the hair
falls onto the floor but she doesn't notice.*

The Mither (*shouting*)   Wha's thare?! A'm needin a haund! A
hae a awfu glit poorin oot ma lungs! Hit's aw ower the guid
beddin!

Nancy *tries to ignore* **The Mither** *and picks up her shoes to put
them on.* **The Mither** *takes another severe coughing fit – this time
she also retches.* **Nancy** *can't ignore the woman's distress any
longer. Annoyed at getting drawn in, she takes off her coat and
drapes it over a stool. She takes a large clean cloth and ties it
around her mouth and nose as a mask. She picks up the pail of
water and some clean cloths and hurries into the bedroom offstage.*

Annie *comes in. She's in a good mood. She's dressed in her best
Sunday clothes.*

Annie (*shouting*)   Nancy?! Whaur ir ye?

Nancy (*shouting*)   A'm in here wi the mither! Ye'r hame early
– ir ye no?

Annie *hears the soft comforting words* **Nancy** *is saying to* **The
Mither**. *She thinks about going in to help but decides to stay in the*

kitchen. She looks at herself in the mirror as she comedically tries to locate her several hat pins so she can take off her flamboyant hat.

Annie (*shouting through to the bedroom*)   The kirk's aff! Meenister Milligan's doun wi the flu an aw. Hit's rippin throu Crawfordjohn like skitters thou a bairn efter hit's first plate ae stewed rhubarub! Wee Moon's tae gae tae the McGalvin's fir deuk eggs. Misses McGalvin's gien ye twa dizzen as a waddin praisent. A says 'Na, na Misses McGalvin we coudna tak thon'.

Annie *instinctively closes one eye to imitate Misses McGalvin.*

Annie   She says (*high-pitched*) 'Och – awa! Thay'r fir the cake!' An she's bringin roond a pund ae currans dippit in brandy on Tysday an aw. A kind wumman richt eneuch. Bein blin in yin ee – ye'd hae thoucht she'd be bitter. Bit aw na – as kind as Christ an juist as thouchtfu.

Annie *locates a long hat pin and pulls it out. She looks at the pin.*

Annie   Dae ye ken hou she lost thon ee?

Annie *uses the pin as a prop to help tell the story.*

She wis shewin her sister's waddin goun bi the licht ae the fire. Hit wis durin the terrible snaw ae nineteen o fower. She wis it a tricksy button an pullt the threid ower-haurd. The needle gaed richt deep intae the baw ae her ee. She wis ower-frichtent tae yank hit oot. An she wis ower-frichtent tae luit anither body near hit naither. Fir days an days she juist sat thare. The white threid hingin doun her chowk the hale time. Awauk an wheemerin – anely takkin a spuinfu ae creamt rice nou an than. An the odd oor she managed tae fae asleep sittin up – thay say ye coud ken whan she wis dreamin acause the needle wid muive ower slaw frae side tae side.

She removes the rest of her hat pins as she continues to talk.

Hit taen weeks fir the roads tae clear. Bi the time the doctor gat tae Crawfordjohn frae Biggar, weel, the smit haed set in richt bad. Aw he coud dae wis cut the ee oot an steek the lids

the gither. 'at's hou she's cried Winker McGalvin tae this day.
Kind wumman richt eneuch – aye. Ye'll no find a mair
luesome sowel in Clydesdale.

Annie *finally takes off her hat and coat and sees the money on the
table is gone. She goes over to the table and picks up the scissors –
she snips them a couple of times. She sees the hair on the floor, picks
it up and puts it on the table.*

The Mither (*shouting*)   Annie! Dochter! A'm needin ye! 'is
wee git is ettlin tae feenish us aff.

Annie *puts down the scissors.*

Annie   A'll be in the nou, mither!

Nancy *comes in with the pail with the now-dirty cloths in it –
consciously keeping the mask around her face so her mother doesn't
see her lipstick.* **Annie** *is shocked by her new haircut but doesn't say
anything yet.*

Annie   A see the factor's buin fir the year's rent.

Nancy (*lying*)   Aye. Aye – he's no lang awa. (*Changing the
subject.*) A haena daed the fluirs yit.

Annie   Whit wad ye be daen the fluirs fir whan thare's sax
bunnles ae taen-in washin tae be gittin on wi? Thon fluirs ir
Wee Moon's tack.

Nancy   She's awa up the wids wi the dugs huntin. A telt her
she coud gae.

Annie   Daed ye nou?

Nancy   Aye – A daed.

Annie   Ye dae her nae fauvours panderin tae her the wey ye
ayeweys dae. A ken yer juist guiltfu acause yer hauf-sister's
nae faither acause ae you. Bit she's needin tae growe up.
Appen her een. Hings ir chingin. She's needin tae pou her
wecht aroond here mair. She's a docksie wee shambles!

Nancy   She's juist a lassie. The dugs keep her blythe. An whan she's blythe – A'm blythe. A dinna see hou us daen twa-three fluirs is /

Annie   / Whit sort ae lassie hunts fir rabbits whan she shoud be learin tae shew! The anely stitch she kens is the wan in her side whan she's gittin chase't bi the fermer. A ask ye – up the wids wi the dugs whan thare's fluirs tae be duin an a auld seek wumman in thare? Gif she daedna hae tae dae awthin fower bluidy times ower she'd . . . oh – an dinnae git us stertit on aw yon Ally-Bally Ally-Bally greetin – she micht mak a desperate man some sort ae a wife yin day gif she cin chap thon on the heid.

Nancy *rips the cloth from her face.*

Nancy (*defending* **Wee Moon**)   She anely daes Ally-Bally whan she's aw vext. Whan ye git stuck intae her!

Annie *is disgusted at the bright lipstick on* **Nancy**'s *lips.*

Annie   She's twal year auld an aye bubblin like a bairn! Stuck intae her? A'll git stuck intae you! State ae ye. Whan war ye gaun tae stert daen the washin?

Nancy   A wisna expectin ye back fir anither twa-three oors.

Annie *picks up and holds out the hair and scissors.*

Annie   Bit ye'v haed plenty ae time tae shear a sheep, eh? Dinna ween A daedna notice yer haundy wirk.

Nancy (*making light of it*)   A taen a wee notion. Whit wi the waddin neist week – A juist thoucht A /

Annie (*getting angry*)   / Juist thoucht whit? Ye'd embarrass us in front ae the hale congregation? Weel ye'll shuirly be daen 'at. Yer hair's a richt aff. The neist time ye tak a notion – stick yer heid in a pail ae lye watter. State ae ye.

Nancy   Sairy mither. Hit'll settle.

Annie   Aye – like a deein fish. Whit am A gaun tae dae wi ye Nancy. A blame Hamilton pictur hoose fir fillin yer heid fou ae hellery an hot air. Ye'r niver oot thon blasphemous midden. Gif A daedna ken better A'd be hinkin ye'd nae intension ae mairyin George at aw!

Nancy (*appeasing her*)   A ken ye'r needin us oot the hoose. A appreciate hit's no buin easy haein the fower ae us scarin the yin lair fir aw thir years. A'll be oot yer bunnet afore ye ken hit. Bit A'v telt ye afore A dinna luve George McGalvin – he's no verra nice tae us whan he's fou.

Annie   He's a haurd wirker – dram nor no. An he dotes on ye.

Nancy   Aye – whan he's sober.

Annie   He'll caum doun whan he kens yer first bairn's on the wey.

Nancy (*affronted*)   A'm no pregnant!

Annie   A shoud howp no! Na – A'm saying *whan hit's due*, efter yer mairit.

Nancy   A juist wantit mair time tae hink hit ower.

The Mither *takes another painful coughing fit.*

Annie   Ye'r in nae poseetion tae didder! Whan a laddie chaps yer door – he'll no wait aboot tae the morn fir ye tae appen hit! Yer needin a man! George McGalvin'll dae fine eneuch. Leuk at whit happent tae us. Life's ower-haurd – ower-puir – wi'oot a man. A weedae's life's as cauld's the Clyde in winter.

Nancy (*exasperated*)   No thon stoil yinst mair!

Annie   No thon? No thon?! Thare's no a sytit wifie in the hale destrict 'at wad hae forgied you the wey A forgied ye. Gif hit wisna fir yer tarragattin an bleatin ma Airthur wadna haed gaed oot on the ice yon morn!

Nancy *points to the curling stone on the floor.*

Nancy   *He* wantit tae test thon quoit – no us!

Annie   Gif he wis yer ain faither A'm damm sure ye'd hae tried mair haurd tae pull him oot! Gif hit wis yer ain faither – A'd hae gaed ye a shillin tae staund on his heid.

Nancy   A wis sax year auld!

Annie   Aye – an as strang as a babbie bull. Gif ye coud pou a sled up a hill a hunder times a day juist fir the jey ae scuddin doun hit – A dinna see hou ye coudna keep a man frae drounin.

Nancy *walks towards her shoes.*

Nancy   Och – A'm gaun oot. A'll stert the washin whan A git back.

Annie *grabs her arm hard and turns her round.*

Nancy   Yer hurtin ma airm!

Annie   Yer gaun naewhaur.

Nancy *pushes* **Annie**'s *hand from her arm.*

Nancy (*lying*)   A'm gaun tae see *Human Desires* at The Hippadrome wi Euphemia. An A'm takkin the last twa jeellie jaurs tae pey fir the tickets.

Annie   Na yer no.

Nancy   Hit's her birthday.

Annie   Misses McGalvin daena mention nae birthday.

Nancy   Weel hit is! An thare's us hinkin ye'd be wantin us tae mak a guid impression on ma guid-sister tae be. A'll be skarin a bluidy hurlie-bed wi her frae neist Monday efter aw. Bit fine! A'll no gae!

Annie   Aye – ye'll gae awricht. Bit ye'll no be gaun oot wi a hure's face on ye – 'at's fir shuir!

Annie *grabs the scrubbing brush and threatens* **Nancy** *with it.*

Annie   Ye'll tak thon harlot's muck aff yer mou richt nou – ir A sweir A'll tak hit aff wi 'is!

Nancy   TRY IT! A daur ye.

Annie *stops herself from throwing the scrubbing brush at* **Nancy**. *She points to the table with the scrubbing brush.*

Annie (*suspicious*)   Whaur's the receipt?

Nancy   Whit receipt?

Annie   Dinna play funny buggers. Ye ken whit receipt! The factor's receipt. Fir the year's rent.

Nancy *knows there's no turning back now.*

Nancy (*thinking on her feet*)   A pit hit in the tap drawer ae yer mither's kist wi the rest ae the rent receipts. You accuisin us ae cleekin the siller?! Whit dae ye tak us fir?! Gae! Gae chack hit yersel gif ye dinna believe us!

Annie   A anely believe the truith – whan A see hit wi ma ain een. A'll chack hit awricht.

The Mither (*shouting*)   Annie! Dochter! A'm needin ye!

Annie (*obviously not wanting to go in herself*)   Git in thare. An gie her comfort.

Nancy   She's no wantin us. She's wantin you.

Annie *looks for a clean cloth and starts to tie it around her face as she speaks.*

Annie   Aw A iver dae is ettle tae keep the fowk in 'is fawin-doun cowp fed an hertie. An nou – she coud be deein in thare! Bit aw na – 'at's nae concern ae yours! The bluidy pictures, hech ay. 'at's whaur the Lord'll airt ye oot on juidgement day nae dout – sittin in the front raw pickin licoreesh oot yer teeth.

Nancy (*insolently*)   An A canna hink ae a better wey tae meet ma makker.

Annie   'is isna feenisht! The Mither'll be needin new watter an fresh cloots. She ayeweys says – 'Thare's dirt an thare's goury dirt'. You're the anely gour A'll pit up wi in 'is hoose.

A'll no hae ony ither gour suddle the taen-in washin naither. Yin suddle on ony thon an ma reputation'll be in tatters.

Nancy   Hit's us whit daes the taen-in washin!

Annie   Thare ye gae again. Ayeweys castin up! Thon washin's whit keeps the ruif ower oor heids! Nae washin – nae siller. Hou wad we git bi than? Hurin?!

Nancy   Gif we lippent on the takkins frae your hurin – we'd stairve tae deith in a week.

Annie *slaps* **Nancy** *hard on the cheek.* **Nancy** *doesn't allow* **Annie** *the satisfaction of seeing the pain she's in.*

Nancy   A howp ye hae a sair haund.

Annie *shakes and holds her sore hand but stops, pretending the slap didn't hurt.*

Annie   Ye askt fir hit. Nou, git doun the burn an synd The Mither's cloots oot!

Nancy *attempts to get her shoes, but* **Annie** *picks them up first. She hands* **Nancy** *the scrubbing brush instead of the shoes.*

Annie   Sin whan wad ye be needin yer shuin tae gae tae the burn? Ye'll git thir (*holds the shoes up*) back whan ye'v feenisht the washin an scrapit thon dung aff yer lips.

Annie *pulls the cloth over her mouth and nose and marches into the bedroom with the shoes.* **Nancy** *waits like a cornered cat for her to leave the room. She quietly puts down the scrubbing brush and lifts her coat. She takes the lipstick out of her pocket and writes* 'THE END' *on the mirror. She then rattles the pail so* **Annie** *can hear it. She puts down the pail, then exits quickly.*

Scene Twa. Hame

Who is in the scene: **Wee Moon Gibbs**, **Nancy Gibbs**, **Annie Gibbs** and **Seymour Shanks (Voice)**.

The family kitchen, August 1929. The mirror is missing and the wallpaper under the space where it once hung is mouldier than the rest of the wall. The table and chairs are now in another part of the room. A large bag of lye sits at the foot of a chair. The curling stone is in a different part of the room now too. **Wee Moon** *enters singing the second verse of 'I Love A Lassie' by Harry Lauder. There's a melancholy tone to her voice. She is wearing her work clothes and boots and carrying the pail and scrubbing brush. There is some water in the pail. She hangs up her old coat inherited from* **The Mither** *and hangs it on a hook on the wall. Each time we hear* **Seymour**'s *voice in* **Nancy**'s *head we should also hear a few ominous/sad bars of underscore.*

Wee Moon

I love a lassie, a bonnie *Clydesdale* lassie
She can warble like the mavis in the dell
She's an angel ev'ry Sunday, but a jolly lass on Monday
She's as modest as her namesake the bluebell
She's nice and neat and tidy and I meet her ev'ry Friday
That's a very special nicht I wouldn't miss!
I'm enchanted, I'm enraptured since ma heart the darlin' captured
She's just intoxicated me with bliss
I love a lassie, a /

She trips over the curling stone.

Wee Moon   Ah! Christ ma fit! Ya muckle pine in the erse!

She imitates the Mid-Atlantic accent she hears when she sneaks off to Hamilton picture house. She addresses the stone directly.

Wee Moon (*melodramatic movie acting*)   How dare you! You are nothing but a stone-hearted beast! A layabout and a lowdown ambusher! Praying on the toes and ankles of innocent urchins. If I had my way sir – you would fry! In the electric chair! And. I. Would. Pull. The. Switch!

She pushes the stone hard with her foot and it slides to another part of the room. She continues to sing/hum 'I Love a Lassie'. She takes a large tablespoon out of her apron and scoops up some lye.

Wee Moon (*anxious and talking to herself*)   Git hit richt 'is time Wee Moon. Yer no wantin tae hae tae dae hit aw again like yisterday. Firstlins, strinkle the lye aw nice.

She sprinkles it on the floor four times at the corner of the room.

Wee Moon   Yin, Twa, Three, Fower!

She inspects it and is happy with the spread.

Wee Moon   Nou, wash her haunds fower times ower, fower times.

She begins to wash her hands in the pail. This is one of her rituals. She washes one hand over the other four times – then repeats the action in reverse. She does this four times.

Yin, twa, three, fower. Yin, twa, three, fower. Yin, twa, three, fower. Yin, twa, three, fower.

She dries her hands on her clothes four times and starts to scrub the floor in movements of four. Four upwards, four to the side and four to the left. She sings forcefully as she scrubs.

Wee Moon

I love a lassie, a bonnie *Clydesdale* lassie
I could sit and let her tease me for a week
And the way she keeps behavin', why, I never pay for shavin'
For she'll rub my whiskers clean off with her cheek!
In the gloamin' wi' my beauty, wi' my bonnie tutti-frutti-hooty
I like to wander by her side
She's my diamond, she's my ruby, she's my bonnie wee jujube
And if she were here I'd rowe her in the Clyde

Nancy – *in her Roaring Twenties' finery and with fashionable hair and red lipstick – enters, tiptoeing quietly. She is carrying a battered case. She silently puts the case down. She guiltily takes a silver flask of gin from her coat pocket and takes a long swig of the spirit. She slips it back into her pocket. The case contains all her*

worldly belongings including clothes, a battered script, bottles of
cough medicine and a half-empty bottle of gin. At the top of the case
when she eventually opens it there is a gramophone record and a
bottle of Amour, Amour French perfume; both wrapped beautifully
in expensive paper with satin bows. She looks exhausted but still
has a well-travelled and glamorous air about her. In this scene she
is like two different people. Who she is now – **Elsie May**, *and later*
in the scene her old self – **Nancy**. *When being* **Elsie May** *she*
speaks like a New York vaudevillian but with a strong Scottish lilt.

Wee Moon
I love a lassie
A bonnie, bonnie lassie
She's as pure as the lily in the dell

Nancy *starts to sing the harmony along with* **Wee Moon**.

Both
She's as sweet as the heather
The bonnie purple heather
Mary, ma Scotch bluebell!

Wee Moon *looks round and, seeing* **Nancy**, *she jumps up and*
they both embrace tightly.

Wee Moon (*delighted*)   Yer hame! Yer hame!

Nancy *is trying not to cry.*

Nancy   Just to hear your voice again.

Wee Moon (*annoyed*)   Ye better be hame fir guid! A mean
hit! A dae! Ye'r aw mine again Nancy. An A'm no lattin ye oot
ma sicht.

Nancy   Can't stay long, Sugar. Headin to Fife. A've an
audition for a part. The theatre company A ran away to all
those years ago? The Bowhill Players? They're revivin *The*
Shillin'-A-Week Man. Joe Corrie's play. It's the cat's pajamas!
Rehearsals start in a week.

Wee Moon   Aye – A ken thaim. Ye wrat tae us aboot thaim
lang syne. Whit's pajamas?

Nancy   A fancy gounie.

Wee Moon   Whit wad a cat be daen wearin a gounie fir?

Nancy   It just means it's great.

Wee Moon   Ah. Cin a be in hit an aw?

Nancy (*bitterly*)   If only life were that simple, Sugar.

Wee Moon (*disappointed*)   Yer no fir steyin?

Nancy   Just passin through. Got to ankle.

Wee Moon   Ankle?

Nancy   It means to walk – get movin.

Nancy *puts her chin on* **Wee Moon***'s shoulder to stop her seeing her tears.*

Wee Moon   Weel, A'm anklin wi ye! Hit breuk ma hert whan ye lea'd us whan ye daed. Sendin us up the wids wi the dugs thon morn. 'at wis sneaky. (*sad*) Aw the colour draint oot ae Snar whan ye ran aff. Hit's buin a gray an wanjey life wi'oot ye here. A'm gaun tae mak shuir ye dinna iver lea us again. (*serious*) E'en gif hit means A'm needin tae cheen the pair ae us up tae a fence ilka nicht.

Nancy *stops the embrace, wipes her eyes, and holds* **Wee Moon** *out at arms' length so she can see her sister's face.*

Nancy   Aw Wee Moon – Wee Moon – Wee Moon! Let me see you. A've missed you so much. You're tall as a sunflower!

Wee Moon   Haurdly! Bit aye – A hae taen a streech. Five years'll dae thon tae a lassie. A hae misst you an aw. Fir the luve ae sunlicht – hou a misst ye.

Nancy *wipes the tears from her cheeks.*

Nancy   A'm Elsie May now, Sugar. The Little Linnet. Faded star of Vaudeville an second features on the silver screen. The supportin actress' supportin actress – songbird for rent an hoofer extraordinaire!

Nancy *sings a few lines from one of the show songs from* The Belle of New York *and does a few fancy steps and kicks from a dance routine.*

Nancy   No more Nancy.

Wee Moon   Aye – a ken whit yer cried! A'm no glaikit. Sairy – A thoucht Elsie May wis anely yer – whit dae ye cry hit again – aye – yer stage name.

Nancy   Nancy Gibbs died the first day A stepped on the stage.

Nancy *takes the flask out of her pocket.*

May she rest in peace. Amen.

Nancy *takes a quick swig before offering the flask to* **Wee Moon***.*

Nancy   Take a belt.

Wee Moon *hesitates.*

Nancy   Go on. Don't be a flat tyre!

Wee Moon *takes a big swig, chokes, and sprays it all over* **Nancy***.* **Wee Moon** *takes a coughing fit. She reacts like she's been poisoned – she then exaggerates her reaction for comic effect, and to entertain* **Nancy***.* **Nancy** *laughs wonderfully – the first time she's laughed with joy in a long time.*

Wee Moon   A'd raither tak ma chances wi hot watter comin throu the bile!

Nancy   That's the good stuff too. You should try the coffin varnish that comes out a New York bathtub. Compared to that, gasoline tastes like lemonade.

Wee Moon   Na – yer awricht. A'll stick tae ginger.

Nancy   A wrote you letters. Lots an lots of letters.

Wee Moon (*still recovering*)   A ken ye daed. Ma mither wadna lat us rade thaim. She juist taen oot ony siller ye'd sent alang wi thaim than flang the letters in the fire. A

managed tae cleek the odd yin, gif hit wis deelevert whan
she wis awa oot.

Nancy   Well, it doesn't look like she spent one dollar A sent
on the old shack. It's worse than A remember. (*Serious.*)
Believe me. A've came-to in prettier drunk tanks.

Wee Moon   She gies aw the siller yer sendin tae the kirk's
pauper fund. Says she'd raither stairve 'an tak chairity frae
the likes ae yersel. She cries ye a cleekin leear an a
furnicator. 'at's whit she cries ye.

Nancy   Goddammit – that money was for a better life for
you, Sugar. And to pay off the year's rent A . . . borrowed.

Wee Moon   George McGalvin peyed the rent ye *cleekit* the
verra neist day. He's buin peyin hit iver sin. Guid hing an aw
– we'd hae buin oot in the sheuch gif he wisna. We anely tak
in hauf the washin we uised tae – acause A tak ower lang tae
dae hit. Ma mither aye says whitiver the deal she makkit wi
George thon morn wis a bargain.

Nancy (*suspicious*)   What deal?

Wee Moon   Dinna ken. Ir ye really a furnicator?

Nancy *changes the subject.*

Nancy   Did you ever get the theatre magazines A sent? Ma
picture was in one of them. A marked the page.

Wee Moon   Aye – a daed. A git Erchie the postie tae drap
ony magazines aff at the McGalvin's. A says you waur sendin
thaim fir Euphemia, no us.

Nancy   Smart thinkin, Tootsie. How is Euphemia?

Wee Moon   No lang ower tuberculosis. Waik as a wulk's
knees nou. Dovers aw day an nicht like a auld wumman.
Some say she's fir the grund. Whit's hit like tae be a
Hollywood movie star? Dae ye hae a butler?

Nancy   Hollywood? A've never even seen the Pacific Ocean.
No. A washed up in New York an never left. An no – A don't

have a butler. The only man in my life was a lowdown swindler. Seymour Shanks. An old-fashioned brute who ran away with ma best friend and my two canaries when the scratch run out.

Wee Moon   Dae he miss thaim?

Nancy   Seymour an Double-chin Doris? Like two holes in the roof!

Wee Moon   No thaim! Yer wee birds!

Nancy   With all that's left of my heart. The only true friends A ever had in that lonely city.

Wee Moon   So yer no rich?

Nancy   A was comfortable. For a while. Until he lost it all at the track. Then A was just another nickel and dime contract player scapin by in a fifty-dollar-a-month cold-water apartment with no window and an orchestra of rats for company. Lookin for a chambermaid, storekeeper's assistant, a drunk in a bar? Then look no further, Sugar.

Wee Moon (*disappointed*)   No a movie star?

Nancy   There was more chance of me windin up stiff in the trunk of a Ford than becomin a bonafide movie star.

Wee Moon   Bit a letter said ye haed a movie contract. Kaufman somehin Studios.

Nancy   A did. Things changed.

Wee Moon   Whit chinged?

Nancy *takes the flask out of her pocket again and changes the subject.*

Nancy   Where's the mirror? A loved that old mirror. It was my only way of escaping these four damp walls. A would look in it and see who A could be. Where A could go. What A might become. What A did become. For a while.

Nancy *hears* **Seymour***'s voice in her head. She looks detached.*

Seymour   You smelled like dog sick on a rummy's pants when A scraped you off the sidewalk. A black banana skin. You'll always be a stinking no-talent black banana skin! You're as useful as a pocket full of wooden nickels. A should throw you out the winda!

Nancy *takes a quick slug from the flask before putting it back in her pocket.*

Wee Moon (*concerned*)   Whit's wrang?

Nancy (*smiling bitterly*)   No turnin back now, Sugar. What happened – after A went away?

Wee Moon (*excitedly*)   Efter hit dawnt on her ye'd taen the rent, she gaed tae see George. Whan she cam hame she rippit yon keekin-gless aff the waw. She wis mad – like twa dugs fichtin ower yin bane. Raiblin an spitterin awa. (*Mimicking* **Annie**.) 'Vainity lats in the de'il. Hit daisent yer hauf sister. A'll no lat hit tak you an aw!' Than she flung hit on the fluir. Than haudit thon quoit (*points to the curling stone then mimes throwing it on the mirror*) abuin her heid an – SMASH! Hit wis us whit haed tae dicht hit aw up an aw. Airtin oot wee skelfs ae gless fir weeks sae A wis. She taen tae the lair fir a week efter yon – she anely git up acause The Mither dee'd aside us. Guid riddance tae rottit cabbitch. (*Clarifying.*) The Mither – no the mirror.

Nancy   Don't be cruel. It's real easy to be cruel.

Wee Moon   Bit you aye said she wis wickit! An no tae kiss her chowk fir fear ae gittin hairy warts on wir lips!

Nancy (*losing her temper*)   Don't disrespect the dead! Trust me – when you do, they soak into your hair an poison your dreams.

Wee Moon *gets upset and starts to wring her hands hard, hurting herself – four times in one direction – then four times in the opposite direction.*

Wee Moon (*hurt and starting to cry*)   A wis juist sayin whit you uised tae say.

Nancy *stops* **Wee Moon** *wringing her hands.*

Nancy (*guiltily*)   Hey-hey. Don't get teary. A'm just. Superstitious now – that's all. Years in spooky theatres will do that to a gal.

Wee Moon *sulks.*

Nancy   Don't be like that, Sugar. We don't have long. Don't you want to hear all about my adventures?

Wee Moon (*still sulking*)   You said hings haed chinged. Whit's chinged?

Nancy   The talkies came. Was released from ma bit-part movie contract. About a year ago. The new head of the studio hated ma voice. He said A sounded like a cat in a kilt gettin fed slowly through a mangle. A tried to go back to Vaudeville . . . tastes had changed. That brought down a hex on me. My life's been stuck behind the eight ball since then. Had to take work in a Manhattan laundry off and on. To scrape by. Seems washin clothes is the only thing A'm good at. At least the laundry was warm in the winter. Then I wrote to the Bowhill Players to ask if I could come back.

To change the subject, **Nancy** *goes over and gets her case and opens it on the floor.*

Nancy   Here – A've brought you some presents.

Wee Moon (*anxious*)   Cin thay bide a wee fir nou? A'm needin tae feenish the fluirs. A canna sattle yinst A'v stertit onyhin. A'm needin tae git hit daed. A'll no be lang.

Wee Moon *moves towards the pail, but* **Nancy** *snatches it up and puts it behind her.*

Nancy   To hell with the floors! Live. Live!

Nancy *hands the gramophone record and the perfume to* **Wee Moon.**

Nancy   Here. Open them!

Wee Moon *examines the wrapping paper.*

Wee Moon   Hit's awfu bonnie wappin. A'm no wantin tae teir hit. Hit's ower bonnie fir 'is roch hoose.

Wee Moon *carefully and painfully slowly starts to unwrap the perfume.*

Seymour   Love?! What would a tramp like you know about love! Any real gal likes her man to use his muscle on her! No more roughhouse, eh?

We hear **Seymour** *hitting* **Nancy** *and* **Nancy** *screaming.* **Nancy** *quickly takes a bottle of cough medicine from her case and takes a disturbingly long gulp before putting it back in the case.*

Wee Moon (*suspicious*)   Whit ye it nou?

Nancy   It's medicine – elixir from the Gods – (*lying*) for my cough.

Wee Moon   Ye dinna hae a coch.

Nancy   Well gee – you're right – no wonder the Gods swear by it. Go on. Open them!

Wee Moon *puts the presents on the table and finishes unwrapping the perfume bottle. She crumples up her face.*

Wee Moon   A'm no drinkin thon!

Nancy (*laughing*)   It's perfume. Amour Amour. Jean Patou.

Wee Moon (*excited*)   The fashion designer? Seen him in ma magazines!

Nancy   Got on the ship over from New York but it's really from Paris. Put some on.

Wee Moon   Na, na. A'll be keepin hit guid.

Nancy   For cryin out loud. Why live a little when you can live a lot! Put some on. Here – A'll show you how.

Wee Moon   Na. No nou. Ma mither wadna like hit. She says scent's fir gowkers. (*Imitating* **Annie**.) 'We ir wha we ir – an anely whippitie stouries an tinkers pertent tae be somebidy thay'r no'. 'at's hou she hates you bein a actress an aw. Says aw actin is fakery an lats in the de'il. Bit A ken hit's glamourie an magic. Cin A no be a actress tae?

Nancy   If you want to be scared an poor an hate yourself half the time – go ahead. But stick to theatre. Some chocolates look better than they taste. Makin movies'll chew you up inside. Movie people and movie scripts are cold. Functional. Not like plays. Good plays are mink coats an silk dresses – they wrap you up in romance an imagination. Stick to plays, Wee Moon – they'll protect you from wolves an batterin storms.

Nancy *has an idea. She rummages through her case and pulls out a stained and torn copy of the script.*

Nancy   Want to help me do my lines? For the audition. Was in this play before. My first time on the stage. Played the kid. Still got the script. Kept it for luck. Come on. It'll be a blast. You read the Shilling Man. He's like a money lender. A real bastard. Like George.

Nancy *hands* **Wee Moon** *the script.*

Nancy   Here. Top of the page. Ignore the stage directions.

Nancy *prepares herself before speaking* **Mrs McCurdie**'s *lines.* **Wee Moon** *reads* **Shilling Man** *– mimicking* **George**'s *gruff and cold tone.*

Mrs McCurdie   Is your maw in, hen . . . I was wonderin' if she'd . . .

Shilling Man   Hullo-hullo! Where ha'e you been a' morning – eh? D'ye ken that I've nearly worn a pair o' buits off my feet this mornin' lookin' for you – I want a plain talk wi ye, Mrs McCurdie . . . Hoo much ha'e ye for me the-day?

Mrs McCurdie (*mournfully*)   My man hasna been workin'.

Shilling Man   Don't stand there and spin yarns to me, ye
bare-faced imposter. Let me see what you're owin'.
Matheson, Murray, McLean – McCurdie. Aye. Here we are.
McCurdie – thirty twa shillin's and ninepence ha'penny. D'ye
think I'm a traivellin' Carnegie – eh? Gaun aboot handin'
oot goods like kirk organs – pay the half o't, and the stuff is
yours? No! Hoo much ha'e ye for me the-day?

Mrs McCurdie   But ma man hasna been workin' for three
weeks.

Shilling Man   Very weel, his pay'll be arrested on Saturday.

Mrs McCurdie   Oh, dinna dae that, Mister – he'd murder
me if he kent aboot this.

Shilling Man (*ignoring her*)   That'll be *your* funeral.

Mrs McCurdie   I'll gi'e ye twa shillin's *next* Monday.

Shilling Man (*ignoring her again*)   You've got my final
notice.

Nancy *can't remember the line.*

Nancy   Hold on. Hold on. Don't tell me. Don't. Don't. Don't
tell me! Is it. Thank ye, mister – thank ye very much?

Wee Moon   Na. 'at's no hit.

Nancy *is annoyed with herself. She snatches the script back from*
Wee Moon.

Nancy   God damn it! Need to work on it on the train A
suppose. A'll get it. Lines don't go in easy like they used to.
(*Upbeat.*) You were ace! A real natural.

Wee Moon   Thay say actin's in the bluid. Sae gif hit's in
your bluid – 'at means hits in hauf ma bluid. Miybes A cin
dae hit an aw? A'm no wantin tae mairy George McGalvin in
the morn. A'm wantin tae be a actress – juist like you!

Hearing this is like a punch to **Nancy***'s guts.*

Nancy   No-no Wee Moon – no! Not George. Have you gone nuts? Why?!

Wee Moon   Aboot a month syne, ma seiventent birthday, he telt us tae gie him a kiss. A says 'Awa ye gae! A'v juist washt ma hair!'. Than he gits aw bealin. An A smells the baurley-bree on his breith an he gaes (*Mimicking George.*) 'Ye'll dae as ye'r telt – ye'r bocht an peyed fir!' A gaes 'A'm nae sic hing' an he gaes 'Aye ye ir!'. Than he chases us up tae the broon brig. Whan he claucht us he gaes 'Ya wee jillet – gif ye'll no pley pree-the-mou wi us, A'll mak ye mairy us!' Than he hingit us tapsalteerie ower the brig bi ma anklets til A says aye tae mairyin him. A telt ma mither whan A git hame an she laucht. She says 'Aboot time an aw!'. The neist morn, Dilly an Dally war awfu seek in thair kennel. Pechin an peengin an frothin at the mou an the erse. Thay baith smellt ae lye watter. A'd tae droun thaim in the burn tae pat thaim oot thair meesery. A ken hit wis him. A'm no wantin tae mairy George McGalvin – nor nae ither man naither. (*Confiding.*) A ken thare's suhin richt muckle camsheuch wi ma heid an hert acause A'v anely iver fancied lassies.

Annie *walks up the path to the cottage. She has the wedding dress over her arm and her dressmaking scissors in her other hand.*

Annie (*shouting excitedly*)   'at's Mrs McGalvin feenisht the alterations! Hit'll fit ye like a gluve nou!

Wee Moon *quickly hides the perfume in* **Nancy**'s *suitcase.* **Annie** *enters the kitchen.*

Annie   'at wumman is a wunner wi a needle an threid. A wis juist sayin tae her 'at . . .

She sees **Nancy** *but tries to ignore her. She puts the dress and scissors on the table.*

Nancy (*furious at her but trying to keep calm*)   Hello mother.

Annie (*fiercely*)   A anely see yin dochter ae mine in here.

Annie *slaps* **Nancy** *hard across the cheek.* **Nancy** *takes the slap.*

Wee Moon (*agitated*)   Whit ye daen mither!

Annie (*to* **Nancy**)   Ye ken whit thon wis fir.

Annie *slaps* **Nancy**'s *other cheek even harder with the back of her hand.*

Annie   An thon's fir haein the haurd-neck tae stap fit in 'is hoose! Efter whit ye daed tae us?!

Nancy   A deserved that; A suppose.

Annie   Hae ye nae shame! An whit's wi the daft vice? Yer a embarrassment tae 'is faimliy!

Annie *raises her hand to strike* **Nancy** *again.*

Nancy (*measured and serious*)   Hit me again an A'll annihilate you. A'd take great pleasure in grindin you into worthless dust.

Annie *hesitates, then puts down her hand.* **Nancy** *holds her open palm out in front of* **Annie** *like it has a pile of dust on it. She sharply blows the imaginary powder into* **Annie**'s *eyes. Their eyes lock in a battle of wills.*

Annie (*attacking*)   Buitit oot the warld A bet – an crawlin back hame tae Snar. Comin in here, efter aw thir years – mingin ae gin an rattlin like a chaundelier. Wi yer fause vice. An yer fause claes. Weel the curtains ae 'is hoose war drew tae you lang syne. The anely hing ye'll git aff us is peety. An ye wadna e'en be gittin thon gif Christ wisna ma sauviour.

Nancy   Pity? Dry up!

Annie   Dry up? You shoud try dryin oot! Yer a puir sowel, richt eneuch. Aw the hure's lipstick in the warld canna hide whit's becam ae ye.

Nancy   Don't you dare pity me. A've lived more in a day than you'd dare live in a lifetime!

Annie   A niver unnerstuid you.

Nancy   That's because you were always too afraid to understand yourself. Black-sheep mother. Black-sheep daughter.

Annie   Aye – an hit wis your bluid whit dyed ma wool. Ye'r a jinx! Ye hae ayeweys buin a jinx. Pat in this earth tae wrack fowk's lifes. Thare's a curse on ye fir whit ye daed tae Wee Moon's faither. Iveryhin ye'v iver titcht turns tae foost. Thare'll be nae peace an contentment at the end ae yer rainbowe. Merk ma wirds. An you'll no airt oot ony liss back here. A'll no hae ye bringin yer midden ae a existence intae smit us an the wean.

Wee Moon   A'm nae wean!

Annie (*to* **Wee Moon**)   You stiy oot hit!

Nancy   A've chased enough rainbows to know you only find peace in yourself – and the minute you find it, you might as well be dead.

Annie *picks up the gramophone record.*

Annie   'is fir us?

Nancy   It's for Wee Moon.

Annie *rips off the bow and fancy paper and lets them fall to the floor. She takes the record out of its sleeve and reads the label.*

Annie   'The Day You Were Born the Stars Stood Still'. Elsie May an the Little Linnet Orchestra. Niver haurd ae her.

Annie *drops the disc on the floor.*

Wee Moon   Ye shoudna hae daed thon! 'at wis fir us!

Wee Moon *goes to pick it up.*

Annie   Lea hit!

Wee Moon   Na! Hit's mine.

Annie *breaks the disc with her heel.*

Annie   A says lea hit!

Wee Moon   Ye dinna hae tae be sae cruel.

Annie (*to* **Nancy**)   A tak hit yer gittin the last Abington train tae Glesgae?

Wee Moon   Mither! She juist gat here.

Nancy (*lying*)   That's the plan.

Annie   Best be gittin aff than. Hit's a fair traik tae the station. Nae pint hingin aboot lik a washt-up jakie-nae-knickers whan her no wantit.

Nancy *drops her American accent and* **Elsie May** *is instantly dead. Her whole physicality strengthens, and she is no longer in a state of flight.*

Nancy   Na. 'hink A'll stiy. Hit feels guid tae be hame. A'm shuir George McGalvin'll be delichtit tae see us.

Annie   Ye'll dae sic hing!

Nancy   In fact, A'm gaun straucht ower thare richt nou. We'v a lot ae catchin up tae dae. A'll tak him up a drap ae gin. A ken he's fond ae a baible. A'm needin tae drap in tae see puir Euphemia onywey. Micht as weel kill aff twa birds wi the yin quoit. An 'at *scur* George McGalvin's needin tae ken – as ae 'is meenit – Wee Moon's aff the menu.

Annie (*livid*)   Ye wadna daur!

Nancy   Wad A no?

Annie   Ye mak us sae mad A coud spit!

Nancy   Spit than. Wadna be the first time.

Annie *turns on* **Wee Moon**.

Wee Moon   Daed ye luit on yer gittin mairit in the morn?! Wee clype! A shoud tak ma belt tae ye!

Wee Moon *grabs the scissors and holds them out to stop* **Annie** *hitting her.*

Wee Moon   A anely telt her the truith.

Annie (*to* **Nancy**)   The laddie's needin a wife!

Nancy   He's needin a bleachin. 'at's whit he's needin!

Wee Moon *is shaking and distraught. She drops the scissors onto the table. She begins another of her rituals. She can hardly get the words out as she sings the song. She also wrings her hands four ways in one direction and four ways in the other as she sings. This continues under the next section of argument between* **Annie** *and* **Nancy**.

Wee Moon
   Ally, Bally, Ally Bally Bee
   Sittin on yer mither's knee
   Greetin' fir a wee baw-bee
   Tae buy some Coulter's Candy
   Puir wee Nancy's leukin awfu thin
   A rickle ae banes kivert ower wi skin
   Nou she's gittin a wee dooble chin
   Frae soukin Coulter's Candy

Annie (*viciously to* **Nancy**)   Shame! 'at's aw ye'v iver brocht tae 'is faimily. Shame! Sin the morn ye waur born. Yinst a bastart iyweys a bastart. A'll no lat ye trauchle ma guid name throu the muck yinst mair. George McGalvin keppit 'is ruif ower oor heids fir five year – whan you'd hae juist as suin watcht 'is faimily burn tae the grund. Sae bi Christ – he's mairyin her in the morn!

Wee Moon (*crying*)   A telt ye afore mither – A'm no wantin tae mairy George.

Annie   A ken yer no guid wi chinge hen – bit yer needin tae trust us. Thare's nae ither option!

Wee Moon *continues to stumble through the song.*

Nancy   Whit deal daed ye dae wi him afore he stertit peyin aff the factor?

Annie   Nane ae your concern.

Nancy   Oh – hit's ma concern awricht. Tell us!

Annie   Git oot! An tak yer middlin wi ye! Turnin up here oot the blu an fleein. Pushionin the wean's heid wi yer fantoush hellery. A'm niver wantin tae see /

Nancy   / She's the deal int she?

Annie   Caw hit a dowery.

Nancy   You selt yer ain dochter tae him?! She wis twal year auld!

Annie   What dae ye tak us fir?! A makkit hit clear he'd tae keep his haunds aff her til she turnt seiventeen. An he daed juist 'at. George McGalvin's hert's is pure is Tinto snaw.

Nancy   He kilt her dugs!

Annie   He daed nae sic blether! He keepit his baund. An we'll be keepin oors! The laddie's peyed fir a wife! Twice! Hou dae ye hink we gat yon siller ye stealt an ran aff wi?!

Nancy   Ye selt us an aw?

Annie   A'd hae gied ye awa fir hee-haw. An gif A'd haed ony siller ae ma ain – A'd hae peyed him tae tak ye!

Seymour   The studio fired you? Useless black banana skin! That stupid Scotch voice! You can't act. Can't dance. Can't sing. You're through. The only thing you're good at is takin a beatin!

We hear **Seymour** *hitting* **Nancy** *and* **Nancy** *screaming.* **Nancy** *weakens and is unsteady on her feet for a second. The cough medicine and alcohol are taking effect. She stumbles into the table but doesn't fall. She feels gravely responsible and knows she needs to offer herself in* **Wee Moon**'s *place.*

Wee Moon (*frightened*)   Whit's wrang wi ye Nancy?

Nancy   Dinna fash – A'm anely tire't.

Annie   Tire't ma erse!

Wee Moon (*to* **Annie**)   'is is aw your faut!

Annie   You watch yer tongue! She's fou!

Nancy *takes the gin out of her pocket.*

Nancy   No yit A'm no.

She finishes the contents of the flask and tosses it on the table.

George'll hae his wife. Bit no ma Wee Moon.

Annie   Whit? You?! YOU! Dinna mak us lauch! He'd raither git mairit tae a baurel ae saltit hinds 'an a seiconthaund dilp like whit you ir nou!

Nancy   George McGalvin wad rin up the Faws ae Clyde backwarts an bare-fittit in the daurk tae mairy us! (*To* **Wee Moon**.) Git yer stuff. Yer lea'in 'is leevin nichtmare ahint ye – yinst an fir aw.

Wee Moon *tries to walk towards the bedroom, but* **Annie** *grabs her by her hair.*

Annie   'is wee airticle's gaun naewhaur!

Wee Moon   A'm no mairin a deil whit pushions puir wee dugs!

Annie   George daedna pushion yer dugs. A pushiont yer bluidy dugs! George haes his ain dugs. He telt us lang syne he wantit you – bit nae dugs. An by Christ, A wisna gittin lummert wi thaim.

Wee Moon   Ya auld bastart!

Wee Moon *starts to fight back but* **Annie** *is stronger than her.* **Annie** *starts to hurt* **Wee Moon**. **Nancy** *sees the bag of lye at the stool and plunges her hand into it – pulling out a fistful. She holds her lye-filled fist in the air like a weapon.*

Nancy   ENEUGH! Ye hink Mrs McGalvin haes hit bad haein anely yin guid ee? A plicht tae the Lord God Awmichtie – gif ye ettle tae stap her gaun, ya auld maggot – A'll blin ye! A MEAN HIT!

Annie *knows* **Nancy** *is serious and lets* **Wee Moon** *go.*

Annie (*threatening* **Wee Moon**)   A'm no feenisht wi you. (*To* **Nancy**.) Ye'r no richt in the heid. Niver war!

Nancy   Weel ye ken whaur A git hit frae – din't ye!

Annie   A'm gaun fir George. He'll sort 'is oot!

Nancy   Whit ye waitin aboot fir than? On ye gae. An mind tell him tae be bringin a airmy wi him. He'll be needin wan!

Annie (*to* **Wee Moon**)   Yer gaun tae regret 'is fir the rest ae yer stupit wee life!

Annie *runs out the house.* **Nancy** *starts to take off her dress.*

Nancy   Tak aff yer dress.

Wee Moon (*frightened*)   A'm needin tae dae the fluirs. Afore she gits back.

Nancy   Dae hit! A'm daen the fluirs frae nou on.

They both take off their dresses and swap them under the next few lines.

Nancy   Pit hit on. The warld owes you a chance an yer gaun tae git hit.

Wee Moon   A'm no gaun awa wi'oot ye.

Nancy *takes a small notebook and pencil out of her coat pocket. She starts to scribble a message in the notebook.*

Nancy   Thare's a pairt in the play. Lizzie. The dochter. Ma first part. Ye'll be perfit fir hit.

Nancy *puts the pencil and notebook back in the pocket of the coat and gives it to* **Wee Moon**.

Nancy   The train ticket's in the ither pootch. An thare's siller in ma purse in the case. Eneuch tae keep ye gaun fir twa-three months gif yer cannie wi hit. Yer gittin the Edinburae train. Hit's a oor *afore* the Glesgae train. Hugh Ogilvie frae the Bowhill Players hinks he's meetin us aff the train. Gie him 'is message.

Nancy   Thay'll tak ye in. Ye'll be wi yer ain kind thare.

Wee Moon   Na Nancy. Na! Come wi us!

Wee Moon *starts to cry.*

Nancy   A canna come wi ye! A'm needin tae stiy. Frae the meenit A ran awa oot thon door A'v haed a bird trappt in ma heid. Skirlin tae git oot. Ilka nicht A laid doun an shut ma een – thon puir wee bird wad rattle an squaik. Skaithin hitsel mair an mair – clashin hit's hurtit weengs aff the thick waws ae shame in here.

Nancy *points to her head.*

Nancy   Yon wee bird git oot an flew awa the meenit A see'd ye. An thon auld bastart richt aboot wan hing. A'v haed a curse hingin ower us like a gaur. Whit A daed wis wrang. An hit's hauntit us aw thir years. Whan ye mak a deal wi the de'il ye canna git oot hit! Ilka time Seymour sank a buit intae us A kent hit wis acause A'm hexed. A'm hame nou. An A'm hame fir guid.

Nancy *takes off her shoes, puts them in the case. She takes out three cough bottles and the half-empty bottle of gin and sits them on the table.* **Nancy** *closes the case. She picks up the scissors and hands them to* **Wee Moon**.

Wee Moon   Whit A'm a wantin wi thir?

Nancy   Fir cuttin yer hair on the train. Gif yer gaun tae be a actress. Ye'll be needin tae leuk the pairt. Nou gae! Gae nou – whan ye cin! An tak the cairt loanins – stick tae the sheuchs an stanks till ye git tae Abington – juist in case thay ettle tae come efter ye. Keep her auld shuin on till ye git tae the station. Than hurl thaim as faur awa as ye cin. Nou gae! An dinna iver ettle tae come hame. Nou plicht us – leuk in ma een and plicht us; frae the dowp ae yer hert.

Wee Moon *looks in her sister's eyes. Both their eyes are filled with tears.*

Wee Moon   Aye. A'll no come back hame. A plicht ye.

Nancy   Yer hame's oot thare nou. On the stage. Nou gae! (*Smiling.*) Afore A chinge ma mind an tak ma fantoush claes back aff ye.

Nancy *and* **Wee Moon** *hold each other. Both are in tears.*

Nancy (*as* **Elsie May**) So long, Wee Moon.

Wee Moon *grabs the case and runs out the house crying.* **Nancy** *breaks down but then pulls herself together. She defiantly takes the scrubbing brush and dips it in the water. She kneels down and starts to scrub where* **Wee Moon** *had started scrubbing at the start of the scene. Gramaphone music plays. The lights fade.*

The End.